Katja Reider
Ganz geheim!

Katja Reider

Ganz geheim!

Mit Illustrationen von Silke Brix

Zur Originalausgabe dieses Buches (ISBN 978-3-86760-171-9)
gibt es ausführliches Begleitmaterial beim Hase und Igel Verlag,
das auch zu dieser Ausgabe eingesetzt werden kann.
Zusätzliche Kopiervorlagen können Sie kostenlos
herunterladen unter www.hase-und-igel.de.

Dieses Buch ist eine gekürzte, in größerer Schrift gesetzte
Fassung des gleichnamigen Titels, der erstmals 2014
im Hase und Igel Verlag erschienen ist.

© 2016 Hase und Igel Verlag GmbH, München
www.hase-und-igel.de
Lektorat: Patrik Eis
Druck: CPI – Ebner & Spiegel, Ulm

ISBN 978-3-86760-198-6
2. Auflage 2019

Inhalt

1. Valerie Superstar 7
2. Wer braucht schon einen Club? 15
3. Geheimnisvolle Zeichen 23
4. Von Wichtigen und Unwichtigen ... 31
5. Was ist bloß mit Fine los? 40
6. Der Verrat 51
7. Überraschende Einladung 61
8. Auf in die Höhle des Löwen 70
9. Das Geheimnis wird gelüftet 77
10. Und das nennt ihr Mut? 86
11. Der Bann wird gebrochen 95
12. Ende gut, alles gut 102

1. Kapitel
Valerie Superstar

„Jetzt starr da nicht so rüber!", zischt Fine und zieht mich auf die andere Seite des Schulhofs.

„Hey, lass mich doch!" Ich versuche mich aus Fines Griff zu winden. „Genau das will Valerie doch: ein Publikum für ihre Zirkusvorstellung!"

„Welche Zirkusvorstellung?", fragt Fine.

Ich verdrehe die Augen. Meine weltbeste Freundin und ich verstehen uns doch sonst ohne viele Worte.

Fines richtiger Name ist Josefine. Seit dem ersten Schultag hängen wir zusammen. Fine und ich waren nämlich die Einzigen in der Klasse, die keine Socke kannten. Frau Kramer, unsere Lehrerin, hat uns damals zwar erzählt, wir würden jetzt sicher alle ganz viele neue Freundschaften knüpfen.

Aber Fine und ich waren froh, dass wir uns gegenseitig hatten. Und dabei blieb es. Obwohl die meisten bei uns in der 4b wirklich okay sind – bis auf Valerie! Valerie Superstar und ihre Gala-Vorstellungen …

Wieder linse ich rüber zu der Gruppe, die sich auf einem der Kletterfelsen niedergelassen hat. Wie üblich thront Valerie in der Mitte und führt das große Wort. Und wie üblich hängen Anna, Caro und Leonie an ihren Lippen. Sogar ein paar der Jungs schielen zu der Gruppe rüber.

„Was labert Valerie denn schon wieder?", frage ich Fine.

„Keine Ahnung!" Fine zuckt die Achseln. „Vorhin klang es so, als wollten die einen Club gründen." Sie grinst. „Wahrscheinlich den ersten echten Valerie-Fanclub."

„Das wäre ihr zuzutrauen", murmle ich.

Irgendwie hat Valerie von Anfang an eine Sonderrolle in unserer Klasse gespielt. Ich kann nicht mal genau sagen warum. Sicher,

Valerie hat immer auffallende Klamotten an. Kein Wunder, ihre Mutter führt einen Laden in der Nähe unserer Schule. Da gibt's jede Menge schickes Zeug: Markenshirts, Tücher, tolle Schlüsselanhänger …

Aber das allein ist es nicht. Valerie steht einfach immer im Mittelpunkt. Und in den Pausen bestimmt sie, was gespielt wird. Und sie entscheidet auch, wer mitmachen darf. Und wer nicht.

Fine und ich haben es längst aufgegeben, ständig zu betteln: „Darf ich mitspielen?" Das ist uns zu blöd. Wir bleiben lieber zu zweit, kicken mit den Jungs oder spielen sonst was. Die Jungs sind da nämlich unkomplizierter. Hauptsache, die Fußballmannschaft ist komplett!

Aber heute ist Felix krank. Und Pablo und Tim hocken in der Ecke und tauschen Fußballsticker. Nee, darauf hab ich nun wirklich keine Lust! Und Fine auch nicht. Nervtötende Fußballgespräche muss sie sich schon zu Hause genug anhören. Fine hat nämlich zwei ältere Brüder und einen fußballverrückten Vater. Das reicht!

Nach der Pause haben wir Kunst, mein Lieblingsfach. Frau Kramer lässt uns heute unsere Lieblingstiere malen. Ich überlege kurz und fange an, eine Katze zu zeichnen. Ich liebe Katzen! Wir hätten auch längst eine, wenn Papa keine Katzenhaar-Allergie hätte. Aber da kann man nix machen.

Eifrig pinsele ich vor mich hin. Der Katzenkopf gelingt mir gut, aber der Körper sieht aus wie ein Mehlsack. Ich seufze. Vielleicht hätte ich doch lieber einen Wal oder einen Delfin malen sollen? Die haben wenigstens keine Beine.

Ich linse rüber zu Fine. Klar, Fine malt natürlich einen Pinguin. Fine liebt Pinguine! Ihr ganzes Zimmer ist voll davon: Pinguinposter, Pinguinfiguren, Pinguinspardosen, Pinguinbücher, Pinguinbettwäsche …

Heute ist Fines Leidenschaft echt von Vorteil: Die Viecher sind nämlich ziemlich einfach zu malen.

Ich schaue mich um. Die anderen haben Hunde gemalt (schwierig!), Ponys (noch schwieriger!) oder ihre Meerschweinchen (leicht!) und Kaninchen (babyleicht!).

Nur Valerie Superstar muss natürlich aus der Reihe tanzen. Frau Kramer hält gerade ihr Bild hoch, strahlt und ruft: „Guckt mal, welches Tier Valerie am liebsten mag!"

Eine Schlange! Na toll!

„Das ist aber ein ungewöhnliches Lieblingstier, Valerie", lächelt Frau Kramer. „Wie kommst du denn darauf?"

Valerie setzt sich in Pose. Oje, ich ahne es schon: Jetzt kommt wieder eine Valerie-Geschichte, in der sie selber ganz zufällig die Hauptrolle spielt.

„Also, Jonas, das ist der beste Freund meines großen Bruders", fängt Valerie an, „der hat ein Terrarium. Und da ist eine

Schlange drin. Na ja, und als Jonas das Terrarium letztens sauber gemacht hat, da durfte ich die Schlange auf den Arm nehmen!"

„Iiiihhh!"

„Echt?!"

„Hattest du keine Angst?"

Alle rufen durcheinander. Und Valerie steht mal wieder im Mittelpunkt.

Jetzt schüttelt sie den Kopf. „Nö, Angst hatte ich nicht! Die Schlange war warm und kein bisschen glitschig. – Na ja, und

seitdem sind Schlangen eben meine Lieblingstiere! Ist doch viel spannender als ein doofer Dackel oder eine träge Katze ..."
Valeries Blick huscht kurz über mein Bild. „Mein Vater hat gesagt, dass ich auch bald ein Terrarium kriege. Und später kaufe ich mir dann eine eigene Schlange."

In den Augen meiner Mitschüler spiegelt sich blanke Bewunderung. Selbst der großmäulige Cem kriegt den Mund nicht mehr zu. Und Theresa dreht verschämt das Bild von ihrem „doofen Dackel" um.

Boah, das ist ja nicht auszuhalten!

„Könnte ich mein Bild jetzt bitte wiederhaben, Frau Kramer?", zwitschert Valerie. „Es ist noch nicht ganz fertig."

Die Lehrerin gibt Valerie ihr Bild zurück. „Hier, bitte, aber die Anschaffung einer Schlange würde ich mir gut überlegen, Valerie. Ich glaube, diese Tiere fühlen sich in ihrer natürlichen Umgebung viel wohler als in einem Glaskasten."

„Das kommt darauf an, wie man mit ihnen umgeht", erklärt Valerie.

Ich schnappe nach Luft. Echt, das gibt's ja wohl nicht! Bloß, weil sie ein einziges Mal eine Schlange auf dem Arm gehabt hat, führt sich Valerie gleich als Expertin auf. Und die anderen gehen ihr mal wieder voll auf den Leim. – Ach, das Leben ist ungerecht und Valerie ist eine Nervensäge. Und mein Katzenbild gefällt mir plötzlich auch nicht mehr.

2. Kapitel
Wer braucht schon einen Club?

Wenigstens ist die Schule für heute zu Ende. Eilig packen wir unseren Kram zusammen und stürmen nach draußen. Ich bin sehr froh, dass Fine, Pablo und ich fast denselben Heimweg haben. So kann ich meinen Valerie-Frust gleich loswerden.

„Himmel, ging mir Valerie eben mal wieder auf den Geist", ächze ich.

„Na ja, aber die Sache mit der Schlange war doch ganz cool", meint Pablo.

Wie bitte? Jungs haben manchmal wirklich eine merkwürdige Wahrnehmung …

Fine grinst. „Wartet mal ab, bis Valerie ihren Club gründet. Dann wird ihre Wichtigtuerei bestimmt noch viel schlimmer!"

Nachdenklich schiebt sich Pablo einen Kaugummi in den Mund. „Was macht man eigentlich in so einem Club?"

„Kommt drauf an." Fine zuckt die Achseln. „Die meisten Clubs stellen irgendwelche Regeln auf, an die sich dann alle Mitglieder halten müssen."

„Was denn für Regeln?"

Fine überlegt einen Moment. „Ach, irgendwas Bescheuertes eben, wie: Alle Clubmitglieder müssen versprechen, nie wieder Fischstäbchen zu essen. Oder nur auf der linken Straßenseite zu gehen. Oder sie versprechen, das Clubmaskottchen ständig bei sich zu tragen. Alles natürlich ganz geheim und ..."

„Was ist denn ein Maskottchen?", unterbreche ich Fine.

„Eine Art Glücksbringer", erklärt sie. „Meistens irgendein Plüschtier oder so. Na, und außerdem schwören sich alle Clubmitglieder ewige Treue. Nach dem Motto: Einer für alle und alle für einen."

Fine kennt sich ja echt gut aus. Auch Pablo wirkt beeindruckt. „Du meinst, mit

Blutsbrüderschaft und so?", fragt er. „Wie bei Winnetou und Old Shatterhand?"

Fine kichert. „Ich glaube nicht, dass Valerie und ihr Anhang so weit gehen werden."

„Abwarten", sage ich.

Das mit der Blutsbrüderschaft haben Fine und ich letztens in einem alten Winnetou-Film gesehen. Der Streifen war mal Mamas Lieblingsfilm. Sie hat uns gestanden, dass

sie in diesen Winnetou-Darsteller mal richtig verknallt war. Dieser Winnetou war ein Indianer, genauer gesagt: der Häuptling der Apachen. Er war edel und mutig.
Er wollte verhindern, dass böse Bleichgesichter den Indianern ihr Land wegnehmen und Feuerwasser zu trinken geben. Und dabei hat ihm sein Freund Old Shatterhand geholfen. Um ihre Freundschaft zu besiegeln, haben sich Winnetou und Old Shatterhand in ihre Unterarme geschnitten. Dann haben sie ihre Arme aufeinandergepresst und so ihr Blut vermischt. Danach waren sie Blutsbrüder. Sie hätten auch einfach Freundschaftsringe tauschen können, so wie Fine und ich. Aber vielleicht gab es so was damals noch nicht.

Wie üblich blickt Mama erschrocken auf, als ich die Wohnungstür aufschließe. „Oje, ist es schon so spät? Hast du großen Hunger, Mäuschen? Ich fang gleich an zu kochen!"

Mama arbeitet als Übersetzerin von zu Hause aus. Und es ist jeden Tag dasselbe: Wenn sie am Computer sitzt und eine ihrer abgedrehten Geschichten aus der Zukunft übersetzt, vergisst sie die Zeit. Daher werde ich fast jeden Tag wie ein Marsmännchen empfangen, das plötzlich auf Mamas Küchenplaneten landet und eine Mahlzeit erwartet. Glücklicherweise gibt es den Tiefkühlschrank.

Hektisch wühlt Mama darin herum. „Magst du eine Pizza, Maja?"

„Nee, Pizza hatten wir doch erst gestern", antworte ich.

„Ach ja, stimmt ..." Mama runzelt die Stirn. „Aber eine Gemüsepfanne ist hier noch."

Während Mama die Pfanne auf den Herd stellt, setze ich mich an den Küchentisch.

„Na, wie war's heute?", fragt Mama.

Das fragt sie jeden Tag. Überhaupt: Wahrscheinlich stellen alle Mütter in dieser Stadt um genau diese Uhrzeit genau diese

Frage. Und alle Kinder geben genau dieselbe Antwort, nämlich: „Och, wie immer." Um dann wieder in Schweigen zu verfallen, bis das Essen vor ihrer Nase steht und sie langsam zu neuem Leben erweckt.

Ich beschließe, zur Abwechslung heute schon vor dem ersten Bissen einen Laut von mir zu geben. „Warst du schon mal in einem Club?", frage ich.

„Club?", echot Mama überrascht. Das liegt wahrscheinlich nicht an meiner Frage, sondern daran, dass ich überhaupt etwas gesagt habe, bevor das Essen auf dem Tisch steht. Das ist Mama nicht gewohnt. Und Erwachsene sind schreckliche Gewohnheitstiere.

Meine Mutter hat ihre Sprache wiedergefunden: „Ja, ich war mal im Tennisclub. Aber das weißt du doch. Warum fragst du?"

„So eine Art Club meinte ich doch nicht, Mama! Ich dachte eher an einen ... na ja ... Geheimclub eben."

„Ach so." Sie überlegt, aber dann schüttelt sie den Kopf. „Nein, so was gab es bei uns nicht. Und wenn, dann hätte ich wahrscheinlich nicht mitgemacht."

Das überrascht mich. „Und warum nicht?"

Meine Mutter häuft Gemüse auf meinen Teller. „Ach, weil solche Clubs oft nur dazu dienen, andere Menschen auszuschließen. Das gefällt mir nicht. Diese ganze Geheimnistuerei und das plötzliche Schweigen, wenn jemand anderes dazukommt ... Das alles war nie mein Ding."

„Also, ich stell es mir schon irgendwie toll vor, Geheimnisse zu teilen", wende ich ein. „Ist bestimmt schön ... kribbelig."

„Mag sein", lächelt Mama. „Aber warum fragst du überhaupt? Willst du mit Fine einen Geheimclub gründen?"

Ich pruste los. „Quatsch! So was brauchen wir nicht!"

„Stimmt", nickt Mama. „Wenn zwei sich so gut verstehen wie Fine und du, dann wissen sie auch so, dass sie sich aufeinander verlassen können. Dafür brauchen sie keinen Club."

Eins muss man Mama lassen: Wenn sie recht hat, hat sie recht.

3. Kapitel
Geheimnisvolle Zeichen

Am nächsten Morgen habe ich Valeries Club schon fast vergessen, bis Fine mich in der Pause antippt: „Hey, siehst du, was ich sehe?"

Heute bin ich diejenige, die spät schaltet. Verwirrt schaue ich mich um. Plötzlich sehe ich es auch: Valerie, Caro, Leonie und Anna tragen alle das gleiche blaue Lederband am linken Arm! Fine und ich werfen uns einen Blick zu. Das Band kann nur ein Erkennungszeichen sein.

„Anscheinend haben die vier tatsächlich einen Club gegründet", flüstert Fine mir zu. „Und Valeries Mama hat das Clubabzeichen gespendet. Die sehen ziemlich affig aus! Findest du nicht?"

Ich nicke zustimmend. Irgendwie mag ich nicht mal vor Fine zugeben, dass ich diese Bänder eigentlich total cool finde. Erst letzte Woche hab ich Mama angebettelt, mir so eins zu kaufen. Jetzt bin ich froh, dass Mama mein Betteln nicht erhört hat. In der Schule könnte ich das Armband jedenfalls nicht mehr tragen. Sonst würden ja alle denken, dass ich auch in diesem albernen Valerie-Fanclub bin.

Aber es kommt noch schlimmer: Sobald Frau Kramer der Klasse den Rücken zukehrt, verständigen sich Valerie und ihre Freundinnen in einer dämlichen Zeichensprache. Da, schon wieder bewegt Anna blitzschnell ihre Finger Richtung Valerie! Die antwortet sofort mit neuen Fingerzeichen, woraufhin Anna anfängt zu kichern. Auch Leonie prustet los.

Frau Kramer hat die Unruhe hinter ihrem Rücken bemerkt. „Darf ich auch mitlachen?", fragt sie mit einem Anflug von Schärfe in der Stimme.

Anna und Leonie versuchen vergeblich ihr Kichern zu unterdrücken.

„Entschuldigung, F-F-Frau K-Kramer", presst Anna mit hochrotem Kopf hervor. „B-B-Bitte, wir … wir hören gleich auf." Und schon prusten sie wieder los. Klarer Fall von Lachkrampf! Normalerweise würde mich die Kicherei anstecken. Aber heute nicht. Heute bin ich nur genervt.

Frau Kramer scheint es ähnlich zu gehen. „Ich finde es ja schön, wenn ihr so viel Spaß habt", sagt sie. „Aber noch schöner fände ich es, Anna, wenn du diese Aufgabe lösen würdest. Kommst du bitte nach vorn?"

Annas Lachanfall ist schlagartig vorbei. Während sie an die Tafel geht, gibt Valerie Caro schon wieder Handzeichen. Caro antwortet sofort. Ich versuche die Zeichen zu deuten, aber es geht zu schnell.

„Das nervt!", zische ich Fine zu.

Die nickt, schielt aber trotzdem weiter neugierig zu Valerie und Caro hinüber.

In der großen Pause geht das Theater weiter. Entweder Caro, Anna, Leonie und Valerie stecken tuschelnd ihre Köpfe zusammen oder sie geben sich rätselhafte Signale. Das Ergebnis in beiden Fällen: albernes Gekicher!

Fine und ich starren mit Felix, Tim und Pablo hinüber zu der Gruppe um Valerie.

Felix tippt sich an die Stirn. „Diese Handzeichen sind ja echt voll albern!"

Tim beißt in seinen Apfel und nuschelt: „Dasch ischt ihre Clubschprasche."

Pablo duckt sich, um den Apfelteilchen zu entgehen. „Das ist was?", fragt er.

„Ihre Clubsprache", übersetze ich.

„Die vier wollen nicht, dass man sie versteht. Ist doch logo!", ergänzt Fine. Sie wendet sich an Tim: „Woher weißt du das mit der Clubsprache überhaupt?"

Tim zuckt die Achseln. „Weil Valerie es gesagt hat."

„Was hat sie gesagt?", hake ich nach.

Tim starrt mich verständnislos an. „Na, dass die vier einen Club gegründet haben."

„Siehst du!" Fine wirft mir einen Beifall heischenden Blick zu.

„Das mit dem Club haben wir uns schon gedacht", kläre ich die Jungs auf. „Weil die vier alle die gleichen Armbänder tragen."

„Was denn für Armbänder?", fragen Felix, Tim und Pablo wie aus einem Mund.

Fine und ich verdrehen die Augen. War ja klar: Keinem der drei sind die Armbänder aufgefallen. Da begreife mal einer, warum

Jungs so gerne Detektiv spielen. Meistens haben die doch Tomaten auf den Augen!

„Wir fünf könnten doch auch einen Club gründen", schlägt Pablo plötzlich vor.

„Und was für ein Club soll das sein?", fragt Fine.

Pablo zuckt die Achseln. „Keine Ahnung. Da fällt uns bestimmt was Witziges ein."

Die drei Jungs denken angestrengt nach.

„Wie wär's denn mit einem Detektivclub?", fragt Tim plötzlich.

„Au ja! Super Idee!" Felix nickt begeistert.

„Hey, ich hab zu Hause sogar noch eine komplette Detektivausrüstung", meldet Tim eifrig. „Ihr wisst schon: Lupe, Sonnenbrille zur Tarnung und so. Bestens in Schuss!"

„Na toll!", sagt Fine und stopft sich gelangweilt den Rest ihres Leberwurstbrotes in den Mund, während ich laut gähne.

„Was habt ihr beiden denn gegen die Idee?", mault Tim.

Fine und ich wechseln einen Blick.

„Wie ihr aus euren zahlreichen Detektivbüchern sicherlich wisst, brauchen Detektive vor allem eins: einen ungelösten Fall", kläre ich Tim dann geduldig auf. „Und? Haben wir hier irgendetwas, das so aussieht wie ein ungelöster Fall?"

Die Jungen schütteln betreten ihre Köpfe.

„Na also", sage ich.

Und damit ist das Thema erledigt.

4. Kapitel
Von Wichtigen und Unwichtigen

Der nächste Tag ist ein Donnerstag. Da gehen Fine, Pablo und ich immer nach der Schule zusammen schwimmen. Manchmal schleppt Pablo Tim mit oder wir Selina. Selina ist eine der Stillen in unserer Klasse. Sie meldet sich nur selten und man übersieht sie leicht. Aber seit Fine, Pablo und ich vor Jahren denselben Schwimmkurs gemacht haben wie Selina, gehen wir eben ab und zu zusammen schwimmen.

Am Anfang war immer ein Erwachsener dabei. Aber nachdem wir alle im letzten Jahr unser Silberabzeichen gemacht haben, dürfen wir alleine gehen.

„Treffen wir uns nachher unten am Tor?", rufe ich Selina in der Pause zu.

Sie schüttelt den Kopf. „Nee, du, ich komm heute nicht mit!"

„Aber du hast doch deinen Rucksack mit Schwimmzeug dabei, oder?"

„Da ist was anderes drin", sagt Selina eilig.

Irgendetwas an ihrem Ton lässt mich aufhorchen. „Und was?", frage ich.

Selinas Gesicht läuft rot an. „Das ... äh ... möchte ich nicht sagen."

Verwirrt schaue ich sie an. „Wieso denn nicht?"

Selina schweigt. Und plötzlich bleibt mein Blick an ihrem Handgelenk hängen. Selina trägt ja auch ein blaues Bändchen!

„Gehörst du jetzt etwa auch zu diesem Club?", frage ich ungläubig.

Selina nickt. Ein Hauch von Stolz fliegt über ihr blasses Gesicht. „Ja. Seit gestern."

„Ach so." Mehr fällt mir dazu nicht ein.

„Heute Nachmittag haben wir Clubtreffen", erzählt Selina. „Deswegen kann ich nicht mit euch schwimmen gehen."

„Und was macht ihr da so?", frage ich.

Selinas Gesicht verschließt sich. „Darüber darf ich nicht sprechen. Ist alles ganz geheim, verstehst du?"

„Ach so, klar", sage ich lahm. „Na dann: Viel Spaß. Vielleicht kommst du ja nächste Woche wieder mit schwimmen …"

Aber Selina ist schon weitergegangen.

„Habt ihr mitgekriegt, dass Selina jetzt auch zu Valeries Club gehört?", frage ich

Fine und Pablo, während wir rüber zum Schwimmbad schlendern.

Fine nickt. „Sie ist nicht die Einzige. Tuley trägt auch ein Armband."

Anscheinend bin ich heute blind durch die Gegend gelaufen. „Hast du Tuley darauf angesprochen?", frage ich.

Fine angelt ein Brot aus ihrer Tasche. „Ja, sie tat sehr geheimnisvoll."

„Genau wie Selina", sage ich.

„Mensch, wieso interessiert euch das eigentlich so mit diesem Club?", unterbricht uns Pablo. „Lasst die doch einfach machen! Ist doch egal."

„Ist es nicht!", blitze ich ihn an. „Dieser Club spaltet bald die ganze Klasse. Das ist total blöd!"

„Wisst ihr, was mich wundert?", fragt Fine. „Dass sich Valerie und Co. ausgerechnet Selina und Tuley ausgesucht haben."

„Stimmt", nicke ich. „Bisher waren die beiden Valerie nicht wichtig genug."

„Wieso? Selina kommt doch mit allen gut klar", sagt Pablo.

„Tuley auch", meint Fine. „Aber die zwei sagen halt nicht viel."

Ich schüttle den Kopf. „Das kapiere ich nicht! Selina war richtig stolz. Du hättest mal ihr Gesicht sehen sollen, als sie von dem Treffen erzählt hat ..."

„Kein Wunder", sagt Fine, „die beiden gehören jetzt dazu."

„Wozu?"

„Na, zu den Wichtigen in der Klasse", meint Fine.

Ich fühle einen kleinen Stich in der Magengegend. „Und wir?", frage ich. „Zählen wir zu den Unwichtigen?"

Fine zuckt die Achseln. „Ach, ich glaube, wir sind so in der Mitte", sagt sie vage.

Pablo blickt zwischen Fine und mir hin und her, als hätten wir nicht mehr alle Tassen im Schrank. Dann verschwindet er kopfschüttelnd in der Jungenumkleide.

Ich werfe Fine einen Seitenblick zu. Jetzt will ich es genau wissen: „Stört dich das denn?", frage ich sie. „Ich meine, würdest du auch gerne zu den Wichtigen gehören?"

Fine überlegt einen Moment, dann sagt sie leise: „Vielleicht. Doch, ja, manchmal schon, glaub ich ..." Sie schaut mich unsicher an. „Du etwa nicht?"

„Nein", sage ich fest. „Wenn ich dafür nach Valeries Pfeife tanzen und mich mit diesen albernen Handzeichen verständigen müsste – nein danke!"

„Ach, diese Geheimsprache finde ich eigentlich ganz lustig", sagt Fine. „Sie ist sogar richtig leicht zu lernen. Man bildet die einzelnen Buchstaben eines Wortes einfach mit den Fingern nach. Das meiste ist ganz logisch. Guck mal, so!" Fine legt drei Finger der rechten Hand in ihren linken Handteller. „Das ist beispielsweise ein M. Ich hab heute schon einiges von dem verstanden, was sie sich mitgeteilt haben."

„Wirklich?", frage ich überrascht. Ich selber hab immer woanders hingeguckt, wenn Valerie und Co. mit ihrer Zeichensprache anfingen. Damit die sich nicht noch wichtiger fühlen! Fines plötzliches Interesse an dem Club verletzt mich.

„Und? Was haben sie sich Spannendes mitgeteilt?", frage ich beim Umziehen.

Fine stopft ihre Sachen in den Schrank und schließt ab. „Ach, zuerst haben sie über Sarah abgelästert. Du weißt schon: Dass sie immer dicker wird und so."

„Na bitte!", sage ich empört. „Sie nutzen ihre blöde Geheimsprache, um sich über andere lustig zu machen. Voll fies!"

Fine stößt mich in die Seite. „Jetzt sei nicht albern, Maja! Wir lästern doch auch über Sarah, oder etwa nicht?"

„Stimmt", gebe ich zu, „aber nicht so, dass sie's mitkriegt. – Das ist was anderes."

Fine wirft mir einen Seitenblick zu. „Wenn du meinst …" Sie wühlt in ihrer Tasche nach ihrer Schwimmbrille. „Außerdem haben sie sich darüber verständigt, was sie heute Nachmittag vorhaben."

„Und was ist das?" Himmel, muss ich Fine denn heute alles aus der Nase ziehen?

„Sie machen ein Art Picknick."

„Ist das denn so etwas Besonderes?"

Fine zuckt die Achseln. „Na ja, es ist ein ‚Pink Picknick'. Jede bringt etwas Pinkfarbenes oder Rotes zu essen mit: Paprika,

Tomaten, Erdbeermilch … Finde ich ganz witzig. Du nicht?"

„Nö!" Ich schüttle energisch den Kopf. „Kein bisschen! Und Paprika kann ich sowieso nicht leiden!"

Wir gehen rüber zu den Duschen. Als eine frei wird, lasse ich schnell das Wasser auf meinen Kopf prasseln. Reden können wir so nicht mehr. Fast bin ich froh darüber. Es kommt nur sehr selten vor, dass Fine und

ich über etwas nicht einer Meinung sind. – Gab's das überhaupt schon mal? Jedenfalls ist es kein gutes Gefühl.

5. Kapitel
Was ist bloß mit Fine los?

Am nächsten Tag schaue ich in der Schule allen Mädchen zuerst aufs Handgelenk. Ich will unbedingt wissen, ob Valeries Club seit gestern neue Mitglieder hat. Nein, keine neuen Armbänder in Sicht, zum Glück. Vielleicht verlieren Valerie und die anderen ja schon den Spaß an ihren Spielchen und ihrer Geheimnistuerei.

Im Moment sieht es allerdings nicht so aus. Anscheinend haben auch Tuley und Selina die Zeichensprache schnell gelernt. Jedenfalls funken sie eifrig hin und her. Und in der Pause scharen sich jetzt fünf Mädchen um Valerie.

„Boah, das nervt!", stöhnt Tim. „Gerade hab ich Anna gefragt, ob ich Mathe bei ihr abschreiben kann. Ich meine, das war doch bisher nie ein Problem, oder? Aber eben hat sie sich glatt geweigert, ihr Heft rauszurücken. Außerdem haben die gekreischt, ich soll abhauen und so." Tim kratzt sich am Kopf. „Ich möchte sowieso mal wissen, was die da ständig zu tuscheln haben!"

„Wahrscheinlich geht es um Valeries Geburtstag", meint Fine. „Der ist doch übernächste Woche."

Erstaunt sehe ich Fine an. „Das hast du dir gemerkt?"

Fine zuckt die Achseln. „Na ja, sie macht ja jedes Jahr so einen Wirbel darum."

Das stimmt. Eine Geburtstagseinladung von Valerie kommt einem Ritterschlag gleich. Auf Valeries Partys gibt es nämlich nicht nur die drei üblichen Ks (Kakao, Kekse, Kuchen) und ein paar Spielchen. Nein, da tritt ein Clown auf oder ein Zauberer. Im letzten Jahr soll es sogar ein kleines Feuerwerk gegeben haben.

Fine und ich waren noch nie eingeladen. Ein bisschen wurmt mich das schon.

Obwohl ich Valerie gar nicht mag. Ach, manchmal verstehe ich mich selber nicht.

Tim starrt noch immer auf sein Matheheft. „Was soll ich denn jetzt machen?"

Gnädig schiebe ich ihm mein Heft rüber. „Hier, du hast Glück: Bei mir dürfen auch Normalsterbliche abschreiben."

„Danke!" Tim grinst. „Nur bist du leider nicht so ein Mathegenie wie Anna. Bei dir schreib ich ja tausend Fehler ab."

„Du spinnst wohl!" Ich will mein Heft wieder wegziehen. Aber Tim hält es

schnell fest und Pablo sagt: „Hey, beruhige dich, Maja! War doch nur Spaß von Tim!"

Ich lasse meine Hand sinken. Verstehe ich plötzlich keinen Spaß mehr? Warum eigentlich? Es ist albern, aber ich werde das Gefühl nicht los, dass die sechs Mädchen mit den Armbändern irgendwas ganz Besonderes erleben, etwas, von dem wir anderen ausgeschlossen sind. Ach, ich bin froh, dass jetzt erst mal Wochenende ist und ich zwei Tage lang keine blauen Armbänder mehr sehen muss.

Am Samstagvormittag gehe ich immer mit Papa auf den Markt. Mit Papa macht das Einkaufen mehr Spaß als mit Mama. Er nimmt sich mehr Zeit. Nach dem Einkaufen spendiert Papa uns Heidelbeermuffins. Seufzend stellen wir unsere Einkaufstüten ab und lassen uns auf eine Bank sinken. Ich konzentriere mich ganz auf den köstlichen Geschmack in meinem Mund.

Dann fragt Papa: „Und? Wie war deine Woche?"

Ich nicke. „Ganz okay." Ich habe keine Lust, Papa von dem Clubfieber zu erzählen, das in unserer Klasse ausgebrochen ist.

„Was machen wir eigentlich heute Nachmittag?", frage ich.

Papa zuckt die Achseln. „Ich weiß nicht, ob deine Mutter uns schon verplant hat."

„Hoffentlich nicht", seufze ich. „Ich hab noch genug vom letzten Wochenende …"

Letzten Samstag haben wir eine Kollegin von Mama in ihrem neuen Reihenhaus am Stadtrand besucht. Da deren Sohn Marvin genauso alt ist wie ich, war Mama davon überzeugt, dass wir sofort allerbeste Freunde werden würden. Aber Pustekuchen! Der Typ wollte die ganze Zeit nur in seinem Zimmer hocken und Computer spielen. Und ich sollte daneben sitzen und zuschauen, wie er einen Außerirdischen nach dem anderen abknallt. Auf so etwas lasse ich mich nie wieder ein. Und falls Mama es dennoch versucht, locke ich eine wildfremde 42-jährige Frau von der Straße in unser Wohnzimmer. Da Mama ja auch 42 ist, müssten sich die beiden doch automatisch blendend verstehen … Ha!

Papa steht auf. „Vielleicht gastiert ja dieser kleine Zirkus noch auf dem Bismarckplatz", sagt er. „Wenn Mama nichts anderes geplant hat, könnten wir da hingehen."

„Klar, das wäre toll!" Ich nicke eifrig. „Du, Papa, könnten wir nicht Fine mitnehmen?"

Papa wuschelt mir durchs Haar. „Ihr Unzertrennlichen! Klar, warum nicht?"

Super, Fine liebt Zirkus! Außerdem ist sie heilfroh, wenn sie am Wochenende mal nicht zu irgendeiner öden Sportveranstaltung muss. Fines Brüder sind nämlich Ruderer und schleppen die Familie ständig mit zu ihren Wettkämpfen.

Zu Hause hänge ich mich gleich ans Telefon.

Charlie, einer von Fines Brüdern, meldet sich. Anscheinend ist er gerade erst aus dem Bett gefallen, denn er gähnt ununterbrochen.

„Hi Charlie, hier ist Maja. Kann ich bitte mal Fine sprechen?"

Wieder Gähnen, dann: „Die ist nicht da."

„Wo ist Fine denn? Oder besser: Wann kommt sie zurück?"

Gähnen. „Puh! – Keine Ahnung! – Maaaaa, wo steckt'n Fine?"

Ich höre Fines Mutter im Hintergrund etwas murmeln, dann ist Charlie wieder am Apparat. „Kann dauern. Fine ist gerade erst los. Sie wollte zu irgend so einem komischen Treffen."

„Treffen?" Mein Magen beginnt plötzlich zu kribbeln. „Mit wem denn?"

Charlie seufzt genervt. „Keine Ahnung, sie hat was von einem neuen Club gefaselt. Ich hab nicht richtig hingehört. Ich glaube, sie wollte zum Marktplatz."

„Verstehe." Das ist gelogen. Ich verstehe nichts. Überhaupt nichts. Mir ist eiskalt.

„Soll ich Fine was ausrichten?"

„Nee. Schon gut. Tschüss."

Ich lege den Hörer auf und sinke auf den nächstbesten Stuhl. Nicht zu fassen: Fine ist zu einem Treffen von Valeries Club gegangen! Hinter meinem Rücken! Ohne mir vorher ein Sterbenswörtchen zu sagen! Ich kapier es nicht! Fine und ich, das war doch immer ... eine Einheit! Nie hatten wir Geheimnisse voreinander! Und jetzt? Jetzt hat Fine unsere Freundschaft verraten. Für das Gefühl, endlich zu den Wichtigen in der Klasse zu gehören.

„Na, Spatz, hast du Fine erreicht?" Papa steht in der Tür. „Deine Mutter hat uns nämlich frei gegeben. Von mir aus können wir sofort los."

„Sekunde!" Ich stürme an Papa vorbei ins Badezimmer. Ich will nicht, dass er meine Tränen sieht.

Ich kann Papa nicht sagen, was los ist. Er würde es nicht verstehen. Ich weiß genau, was er sagen würde: „Aber Maja, da ist doch nichts dabei. Sicher hat Fine nur vergessen, dir von diesem Treffen zu erzählen. Warte nur ab, nachher ruft sie an und alles ist wieder in Ordnung!"

Ja, genau das würde Papa sagen. Weil er Fine nicht so gut kennt wie ich. Und weil er keine Ahnung davon hat, wie Mädchenfreundschaften funktionieren. Mädchen sind anders als Jungs. Mädchen vergessen nicht, sich von so einer Verabredung zu erzählen. Niemals! Aber das kann Papa nicht begreifen. Punktum.

Natürlich merkt Papa, dass sich meine gute Laune in Luft aufgelöst hat. „Was ist denn los, Maja?", fragt er, als ich aus dem Badezimmer geschlichen komme. „Hast du keine Lust mehr auf Zirkus?"

Ich zögere. „Doch … das heißt, um ehrlich zu sein: nein! Tut mir leid, ich muss weg!

Sei nicht sauer, ja?" Bevor Papa richtig reagieren kann, habe ich mir schon meine Jacke geschnappt und bin halb aus der Tür.

„Halt, Maja! Wo willst du denn hin?", ruft Papa hinter mir her.

„Fine treffen! Ich erklär's dir später!"

6. Kapitel
Der Verrat

Bevor er irgendwelche Einwände erheben kann, rase ich los Richtung Marktplatz. Ich hab keinerlei Plan. Ich weiß nur, dass ich nicht seelenruhig in den Zirkus gehen kann, während Fine gerade Mitglied von Valeries Fanclub wird. Das darf einfach nicht passieren! Ich bin völlig außer Atem, als ich endlich den Marktplatz erreiche. – Aber ich bin zu spät! Ich sehe gerade noch Valerie und ihren Fanclub in einer Gasse verschwinden. Was macht denn Jule hier, ist sie nun auch im Club? Eigentlich fand ich sie immer ganz nett. Plötzlich entdecke ich Fine, sie ist mitten unter ihnen. So als hätte sie schon immer dazugehört.

Am liebsten würde ich losheulen. Verdammt, warum verrät sie unsere Freundschaft? Und überhaupt: Was soll ich jetzt tun? Ich kann denen ja wohl schlecht hinterherrennen und Fine zwingen mit mir nach Hause zu kommen. Aber wenn ich schon mal hier bin, dann kann ich eigentlich auch gucken, was die Geheimnisvolles machen in ihrem Club, oder?

Entschlossen überquere ich den Platz und biege in die Gasse ein, in der Valerie und ihr Anhang verschwunden sind.
Ups, da vorne sind sie schon! Ich muss aufpassen. Schließlich will ich auf keinen Fall entdeckt werden. Ich halte Abstand und verstecke mich immer wieder in Hauseingängen. Aber niemand dreht sich nach mir um. Fine hält sich an Tuley, die aufgeregt auf sie einzureden scheint.
Es tut verdammt weh, Fine in Valeries Fahrwasser zu sehen ...

Am Ende der Gasse biegt die Gruppe auf einen schmalen Fußweg ein. Keine Ahnung, wo er hinführt. Aber die Mädchen scheinen den Weg zu kennen. Natürlich

führt Valerie die Gruppe an. Tuley und Fine bilden das Schlusslicht. Ich warte ein Weilchen, bis ich ebenfalls auf den halb zugewachsenen Pfad einbiege. Von den Mädchen ist nichts mehr zu sehen. Nur ihre Stimmen sind noch zu hören. Aber sie werden immer leiser. Mensch, wo stecken die denn plötzlich alle?

Ich schaue mich um. Durch die Bäume um mich herum dringt kaum ein Sonnenstrahl. Ein paar Augenblicke später stehe ich vor einem schmalen Tor. Gräser, Unkraut und Büsche bilden hier eine dichte Mauer. Ganz klar: Hinter diesem Tor sind sie verschwunden. Jetzt kann ich ihnen nicht mehr folgen, ohne entdeckt zu werden.

Ich knabbere an meinen Fingernägeln und überlege. Was mache ich denn jetzt? Rückzug? Abwarten? – Abwarten!

Ich schlüpfe hinter eine Hecke, hocke mich hin und versuche eine bequeme Position zu finden. Allerdings ohne Erfolg.

Der Boden ist steinhart. Außerdem bin ich offenbar in eine Ameisenstraße geraten. Ich seufze. Hoffentlich passiert bald was! Geduld ist nicht gerade meine Stärke.

Aber ich habe Glück: Es sind kaum zehn Minuten vergangen, da höre ich, wie sich Schritte und Stimmen nähern. Ich erkenne sie sofort: Selina und Fine! Mein Herz klopft schneller und ich drücke mich noch tiefer in die Hecke. Oh, es wäre so unsäglich peinlich, wenn sie mich hier entdecken würden! Aber die beiden haben es so eilig, dass sie nicht mal das Tor richtig schließen.

Von ihrem Gespräch kann ich nur Fetzen aufschnappen. Beide sind aufgeregt, das ist nicht zu überhören. „Mensch, überleg dir das noch mal, Selina!", sagt Fine. „Du musst doch wirklich nicht …"

Der Rest geht in trampelnden Schritten unter. Mist! Ich nehme die Verfolgung auf. Die beiden laufen wieder Richtung Marktplatz. Was wollen sie denn da? Ah, sie steuern den Kiosk an. Bestimmt haben sie den Auftrag gekriegt, weiteren Süßkram zu kaufen – und Valerie bezahlt natürlich. Sie scheint ja Taschengeld ohne Ende zu bekommen. Ich drücke mich in einen Hauseingang. Fine ist ein Stück zurückgeblieben und fummelt an ihrem Schuh herum. Selina steht jetzt alleine vor dem Kiosk und betrachtet die Auslagen.

Ich blinzle in die Sonne. Für einen Moment kann ich nicht erkennen, was Selina am Kiosk macht. Dann sehe ich sie plötzlich über den Marktplatz zurückstürmen. Ihr Gesicht ist hochrot vor Aufregung und ihr Pferdeschwanz hat sich gelöst. Fine rast hinter ihr her und ruft Selina etwas zu. Bevor ich einen klaren Gedanken fassen kann, sind beide in der Gasse verschwunden.

Seltsam … Was war denn da los? Warum ist Selina so panisch weggerannt? Hat sie etwa gar nichts gekauft am Kiosk, sondern … geklaut? Aber warum sollte sie das tun? Und was hat das alles mit dem Geheimclub zu tun? – Ich überlege, ob ich den beiden noch mal folgen soll. Nein, für heute reicht es mir. In jeder Beziehung.

Nachdenklich trotte ich nach Hause. Zum Glück ist keiner da. Mama ist beim Friseur. Und Papa hat mir einen Zettel auf den Tisch gelegt, dass er mit seinem Freund beim Joggen ist. Ich habe auch nicht die geringste Lust, irgendwelche Fragen zu beantworten. Ich könnte es gar nicht. Irgendetwas hat sich verändert und ich weiß nicht mal was.

Ob Fine sich bei mir melden wird? Vielleicht hat sie es ja schon versucht, bevor sie zu dem Treffen gegangen ist. Ich renne zum Anrufbeantworter. Keine Nachricht von Fine. Hofft sie etwa, dass ich von diesem Clubtreffen nichts erfahre? Oder ist es ihr egal? Was mache ich, wenn Fine den Club ganz toll findet und am Montag auch so ein blaues Bändchen ums Handgelenk trägt? Wenn ich plötzlich abgemeldet bin? Einfach so? Von heute auf morgen allein in der Klasse? Unvorstellbar. Gruselig.

Die Zeit vergeht und ich werde immer kribbeliger. Immer wieder schaue ich auf die Uhr. So, jetzt müsste sie aber wirklich wieder zu Hause sein. Ich muss mit ihr sprechen! Sofort. Entschlossen greife ich zum Telefon. Fines Nummer ist eingespeichert.

„Maja! Hallo! Ich wollte dich auch gerade anrufen!"

„So? Tatsächlich?"

Jetzt, da ich Fines vertraute Stimme höre, steigt die Wut plötzlich in mir hoch wie eine heiße, rote Flamme.

Ja, ich platze fast vor Wut auf Fine und ihren Verrat.

Ich will sie so verletzen, wie sie mich verletzt hat. „Und warum?", ätze ich. „Wolltest du mir erzählen, dass du dich mit Valerie und den anderen getroffen hast? Dass du jetzt auch zum Club der Wichtigen gehörst?"

Erschrockenes Schweigen. Dann sagt Fine schnell: „Ja, das heißt: nein! Ich ... Ach, Maja, ich muss dir das alles in Ruhe erklären. Das geht nicht so am Telefon. Können wir uns nicht heute Abend noch treffen?" Fines Stimme klingt fast flehend.

„Keine Zeit!", sage ich knapp.

„Und morgen?", fragt Fine. „Bitte, Maja!"

„Mal sehen." Ich beende das Gespräch.

Einen Moment genieße ich, dass ich Fine abgewürgt habe. Aber Sekunden später tut es mir leid. Verdammt, warum habe ich aufgelegt? Um Fine eins auszuwischen. Als ob das irgendwas bringen würde! Im Gegenteil: Jetzt fühle ich mich noch mieser. Ob ich Fine noch mal anrufe? Nein, das geht zu weit. Schließlich ist Fine diejenige, die mich hintergangen hat. Ob sie noch mal anruft? Ich starre das Telefon an. Aber das blöde Ding bleibt stumm.

Nach einer Weile schleiche ich in mein Zimmer. Was hat Fine gesagt? „Ich muss dir das alles in Ruhe erklären." – Ich schnaufe verächtlich. Pah, was gibt's da zu erklären? Es liegt doch auf der Hand: Fine will auch endlich zu den Wichtigen gehören. Zu denen, die tolle Sachen machen und wichtige Geheimnisse teilen. Zu denen, die sich von Valerie mit Süßigkeiten und Krimskrams versorgen lassen. So einfach ist das! Nur ich schnalle nicht, dass andere Zeiten angebrochen sind. Zeiten, in denen Mädels wie Valerie das Sagen haben und Loser wie ich abgemeldet sind.

Ich werfe mich aufs Bett und vergrabe mein Gesicht im Kopfkissen.

7. Kapitel
Überraschende Einladung

Irgendwann klopft Mama an meine Tür. „Hallo Maja, willst du denn gar nicht meine neue Frisur bewundern?"

Widerstrebend rolle ich mich vom Bett. Ich hatte komplett vergessen, dass Mama beim Friseur war. „Schön", sage ich, weil Mama mich so erwartungsvoll anguckt.

„Was ist denn los, Maja?", fragt Mama sofort. „Bist du krank?"

Ich schüttle den Kopf. „Nee, alles ok."

„Warum wolltest du eigentlich nicht mit Papa in den Zirkus?"

„Och, nur so." Ich bohre meine Finger in die Taschen meiner Jeans.

Aber Mama lässt sich nicht so leicht ablenken. Sie spürt, wenn irgendwas nicht in Ordnung ist. Manchmal liest sie in meinem Gesicht wie in einem offenen Buch. Direkt unheimlich. „War irgendwas mit Fine?", bohrt sie jetzt. „Papa meinte, ihr wolltet euch heute treffen."

Ich schüttle noch einmal den Kopf. „Das hat nicht geklappt."

„Na, vielleicht könnt ihr zwei euch ja morgen sehen", sagt Mama. „Wir wollten doch Inliner fahren gehen."

Ich nicke vage. „Mal sehen. Ich hab auch noch einiges für die Schule zu tun."

Mama zieht überrascht die Augenbrauen hoch. Kein Wunder, solche Ankündigungen sind bei mir eher selten.

Am Sonntagmorgen ist der Himmel grau. Als später die Sonne rauskommt, fahren wir zu der Skaterbahn am Stadtpark.

Kaum stehe ich auf meinen Inlinern, fühle ich mich etwas besser. Unermüdlich flitze ich über den glatten Asphalt.

Am Abend bin ich so erschöpft, dass ich mich bald ins Bett trolle und einschlafe.

Aber Montag früh, auf dem Weg zur Schule, holt mich der Frust wieder ein. Jetzt kann ich es kaum mehr erwarten, mich mit Fine auszusprechen. Egal, was sie getan hat: Ich halte dieses Schweigen nicht mehr aus! Ich will endlich wissen, was in diesem seltsamen Club passiert und was Selina und Fine gestern am Kiosk wollten.

Aber ich werde enttäuscht: Fine wartet nicht an unserem üblichen Treffpunkt. Nach ein paar Minuten gehe ich allein weiter. Ich kämpfe mit den Tränen. Will Fine nicht mal den Versuch machen, mir alles zu erklären? Ist das jetzt das Ende?

„Fine ist krank", berichtet uns Frau Kramer in der ersten Stunde. „Gerade hat ihre Mutter angerufen. Stellt euch vor: Die Arme hat Windpocken!"

Ich atme auf. Deswegen hat Fine mich also heute Morgen versetzt.

Unsere Klassenlehrerin lächelt mir zu. „Fines Mutter hat mir erzählt, dass du auch noch keine Windpocken hattest, Maja."

Ich nicke.

„Dann darfst du Fine nicht mal besuchen", sagt Frau Kramer bedauernd. „Sonst steckst du dich bei ihr an."

Klar, das weiß ich selber. Aber vielleicht löst sich dieser ganze Club-Blödsinn ja auf, bis Fine wiederkommt. Ich blicke mich in der Klasse um. Nee, alle tragen immer noch brav ihre Armbänder. Sieht nicht gerade nach Auflösung aus … Einige haben sogar ihre Plätze getauscht, sodass die Clubmitglieder jetzt dichter zusammen sitzen! Hat Frau Kramer das etwa erlaubt?

Heute bin ich richtig froh, als Felix in der Pause bei mir kleben bleibt. Sonst müsste ich ganz allein auf dem Schulhof rumhängen. Denn Selina, mit der ich bisher manchmal zusammen war, wenn Fine gefehlt hat, steht jetzt bei Valerie. Und selbst Tim und Pablo schlendern zu den Mädchen rüber! Valerie wirft sich sogar noch ein bisschen mehr in Pose …

Anscheinend nehmen die jetzt auch Jungs auf. Und die lassen sich auch noch darauf ein. Ausgerechnet Pablo!

Ich muss immer wieder zu der Gruppe hinschauen, mit Wut im Bauch. Und ich möchte zu gerne wissen, was die tuscheln.

„Hey, Maja, warte mal!" Valerie steuert plötzlich auf mich zu. Nanu, was will die denn von mir?

„Rufst du Fine nachher an?", fragt Valerie.

Ich zucke die Achseln. „Warum?"

Valerie lächelt. „Ach, nur so. Bestell ihr schöne Grüße, ja? Am Samstag ging es ihr noch prima. Das mit den Windpocken muss ganz plötzlich gekommen sein."

„Ja, scheint so." Ich nicke desinteressiert. Gut, dass ich bereits wusste, dass Fine bei dem Treffen war. Sonst wäre mir eben garantiert die Kinnlade runtergefallen. Klar, dass Valerie mir Fines Seitenwechsel direkt unter die Nase reibt.

Valerie mustert mich aufmerksam. „Du machst dich lustig über unseren Club, stimmt's?", fragt sie unvermittelt.

Worauf will sie hinaus? „Wie meinst du das?", forsche ich nach.

Valerie verschränkt die Arme. „Na hör mal, das merkt man doch! Aber ich finde

es ziemlich blöd, dass du etwas ablehnst, das du gar nicht kennst."

Ich kapiere es immer noch nicht. Valerie kann es doch piepegal sein, was ich über ihren Club denke. Ist es aber nicht.

„Wir machen tolle Sachen zusammen, weißt du", erklärt Valerie jetzt. Ihre Stimme klingt eifrig, fast werbend.

„Ich weiß schon", winke ich ab, „Pink Picknicks und so."

„Nicht nur." Valerie lächelt vielsagend. „Wir machen auch richtig spannende, echt aufregende Sachen."

Widerwillig horche ich auf. „So? Was denn zum Beispiel?"

Valerie zuckt die Achseln. „Du musst halt mal kommen. Dann erfährst du es."

Jetzt hat sie mich schon wieder überrumpelt. „Wie bitte? Du willst wirklich, dass ich zu einem eurer Treffen komme?"

Valerie lächelt wieder. „Warum nicht? Tim und Pablo kommen heute auch …" Sie wendet sich zum Gehen. „Heute um drei, am Rathausmarkt. – Bis dann, Maja."

Verdattert blicke ich ihr nach. Eins zu null für Valerie! Aber warum will sie mich plötzlich in ihrem Club haben?

Und dann, urplötzlich, verstehe ich, was los ist: Valerie erträgt es einfach nicht, dass sie etwas tut, was nicht alle supertoll finden. Sie braucht die Anerkennung anderer wie die Luft zum Atmen. Bewunderung von allen. Sogar von mir.

Aber den Gefallen werde ich ihr nicht tun! Natürlich gehe ich heute Nachmittag nicht zum Rathausmarkt.

Ob Pablo und Tim da wirklich hinwollen? Das interessiert mich natürlich! Ich könnte Pablo nach der Schule irgendwo abpassen und ihn fragen. Aber plötzlich habe ich Angst, dass er Valerie davon erzählen könnte. Dass sie gemeinsam über mich lachen. Nein, das will ich nicht. Das habe ich nicht nötig!

Aber was meinte Valerie nur mit den „spannenden Sachen", die sie bei diesen Clubtreffen machen? Und was hat die seltsame Szene auf dem Marktplatz damit zu tun?

Die Frage lässt mich nicht mehr los.

8. Kapitel
Auf in die Höhle des Löwen

Zur Abwechslung hat Mama das Essen schon fertig, als ich nach Hause komme. „Schon gehört?", ruft sie mir entgegen. „Fine hat Windpocken! Ihre Mutter hat heute Morgen gleich hier angerufen. Aber da warst du schon zur Tür raus. Hast du denn lange auf Fine gewartet?"

„Nö, nur ein paar Minuten", sage ich.

„Der armen Fine geht's wohl gar nicht gut", berichtet Mama, während sie zwei Bratwürstchen auf meinen Teller schiebt. „Hoffentlich hast du dich nicht auch angesteckt. Wo ihr beide doch so oft zusammen seid …"

„Mir geht's gut!", sage ich und stopfe mir das erste Stück Bratwurst in den Mund.

Mama lacht. „Das hat Fine bis gestern früh auch behauptet und dann begann das große Jucken." Sie setzt sich mir gegenüber an den Tisch und schenkt uns Saft ein. „Ich muss nachher noch mal in den Verlag wegen eines neuen Auftrags. Was hast du denn heute Nachmittag vor?"

Ich zucke die Achseln. „Och, nichts Besonderes. Vielleicht gehe ich kurz in die Stadt. Ich brauche ein neues Matheheft."

Ich beiße mir auf die Lippen. Das Schreibwarengeschäft liegt direkt am Rathausmarkt. Suche ich nur einen Vorwand, um einen Blick auf das Clubtreffen zu werfen? Himmel,

kann ich nicht wenigstens zu mir selbst ehrlich sein? Warum kann ich nicht zugeben, dass ich neugierig bin? Was ist schon dabei, da mal kurz aufzutauchen? Wenn es mir nicht gefällt, kann ich jederzeit verschwinden. Die können mich ja nicht zwingen, gleich beim ersten Treffen mit Valerie Blutsbrüderschaft zu schließen. Genau, ich geh da heute einfach mal hin – und erfahre endlich, was die da eigentlich treiben.

Ob ich eben noch schnell Fine anrufe? Ich hab keine Lust mehr auf unseren blöden Streit. Das heißt, bisher ist es ja eher eine Funkstille. Schlimm genug. Und höchste Zeit, das Ganze aus der Welt zu schaffen. Außerdem kann ich dann Fine gleich über das Clubtreffen am Samstag ausquetschen. Ich will wissen, was Selina da am Kiosk gemacht hat.

Kaum fällt die Haustür hinter Mama ins Schloss, schnappe ich mir das Telefon. Fines Mutter ist am Apparat: „Schön, dass du anrufst, Maja! Aber Fine schläft gerade. Ich möchte sie eigentlich nicht wecken. Soll sie dich nachher zurückrufen?"

„Nein, ich muss gleich noch mal weg. Ich melde mich später wieder. Tschüss!"

Mist! Jetzt muss ich ohne Vorab-Info in die Höhle des Löwen. Ob ich doch noch rasch Pablo anrufe? Sodass wir wenigstens zusammen …? Ich schaue auf die Uhr. Schon zehn vor drei. Keine Zeit mehr.
Ich mache mich auf den Weg. In meiner Magengrube beginnt es leise zu kribbeln. Hey, was soll das denn jetzt? Es gibt doch gar keinen Grund, nervös zu sein. Ich bin nur mit ein paar Leuten aus meiner Klasse verabredet. Aber das Kribbeln bleibt.

Ich sehe sie schon von Weitem: Leonie, Selina, Tuley, Jule, Caro – und Valerie. Nur Anna fehlt. Dafür kommen von der anderen Seite Pablo und Tim angeschlendert, als wären sie eher zufällig hier. Pablo und ich vermeiden uns anzusehen. Offensichtlich ist es nicht nur mir peinlich, Valeries Einladung angenommen zu haben.

Die Mädchen lehnen wie Hühner auf der Stange an der Rathausmauer und blicken uns entgegen. Meine Beine sind plötzlich schwer wie Blei. Am liebsten würde ich umdrehen und nach Hause marschieren. Aber jetzt ist es zu spät. Eine Flucht würde völlig bescheuert aussehen.

„Hey, Maja!" Valerie winkt mir zu. „Ich wusste, dass du kommen würdest."

Was soll das denn schon wieder heißen? Will sie den anderen zeigen, dass auch ich schon nach ihrer Pfeife tanze?

„Ach, ich musste sowieso noch zum Schreibwarenladen", sage ich schnell. „Und da dachte ich ... na ja ..." Meine lahme Erklärung versickert wie ein Wassertropfen in der Wüste.

„Egal. Tim und Pablo sind ja auch schon da. Jetzt sind wir vollzählig." Valerie springt auf. „Dann können wir ja los. Kommt, lasst uns gehen!"

Schon stehen alle auf und folgen Valerie quer über den Platz in die Gasse. Ich versuche mir nicht anmerken zu lassen, dass ich den Weg bereits kenne.

„Hier geht's lang", sagt Valerie und geht mit schnellen Schritten voraus. Leonie, Selina, Caro und Jule laufen hinter ihr her.

Dann kommen Tuley und ich. Tim und Pablo folgen uns in einigem Abstand. Sie versuchen immer noch so auszusehen, als wären sie nur zufällig dabei.

Plötzlich bleibt Jule vor mir so abrupt stehen, dass ich in sie hineinlaufe. Sie grinst. „Pass auf, gleich wirst du staunen, Maja!" Jule deutet auf Valerie, die sich an der Mauer zu schaffen macht. Und einen Moment später schwingt das schmale Tor auf, hinter dem sie vorgestern auch schon verschwunden sind.

Valerie schlüpft hindurch und winkt uns, ihr zu folgen. „Hereinspaziert!"

9. Kapitel
Das Geheimnis wird gelüftet

Verwirrt blicke ich mich um. Wir stehen in einem verwilderten Garten. Durch die dichten Bäume dringt kaum ein Sonnenstrahl. Alle Geräusche erscheinen gedämpft und die zwei steinernen Bänke, auf die Valerie zusteuert, sind über und über mit Moos bedeckt. Wahnsinn! Das Ganze wirkt nicht wie ein Garten, sondern eher wie eine verwunschene Höhle.

„Schön, oder?", fragt Valerie stolz.

Ich nicke. „Und wem gehört das hier?"

Valerie zuckt die Achseln. „Jetzt uns!"

Die anderen kichern beifällig.

Leonie zieht eine Decke aus ihrer Tasche und breitet sie mit Caros Hilfe auf einer der beiden Bänke aus. Erst jetzt fällt mir auf, dass Valerie eine prall gefüllte Tasche bei sich hat. Kekse, Lakritz und Schokolade kommen zum Vorschein, außerdem mehrere Tüten Kartoffelchips und für jeden von uns ein Becher Erdbeermilch.

„Woher hast du das alles?", frage ich.

„Ach, das Zeug liegt bei uns zu Hause in Massen rum. Kommt schon, greift zu!"

Wir lassen uns nicht lange bitten. Auch die Jungs haben ihre abwartende Haltung aufgegeben und bedienen sich kräftig. Pablo teilt einen Schokoriegel und hält mir die eine Hälfte hin. „Willst du?"

Ich nicke und beiße hinein. Vielleicht ist dieser Club ja doch nicht so übel …

Valerie selber knabbert nur an einem kleinen Stück Schokolade. Sie beobachtet uns. „Na, wie findest du's bei uns?", fragt sie mich plötzlich.

Ich schlucke ein Stück Schokoriegel hinunter. „Na, zumindest verhungert hier keiner! Was macht ihr denn außer essen?"

„Oh, wir stellen uns gegenseitig Aufgaben", sagt Leonie.

„Aufgaben? Was denn für Aufgaben?", frage ich. „Kopfstand machen? Oder zehn Minuten auf einem Bein stehen?" Ich kichere über meinen eigenen Scherz.

„Quatsch", sagt Valerie kühl. „Wir stellen uns *richtige* Aufgaben."

Irgendetwas an ihrem Ton lässt mich aufhorchen.

„Nun macht es doch nicht so spannend", drängt Pablo. „Was für *richtige* Aufgaben?"

Einen Moment lang schauen sich die anderen fragend an. Valerie nickt, dann sagt Jule: „Na ja, wir testen uns, stellen uns gegenseitig auf die Probe."

„Wie ‚auf die Probe'?", hake ich nach.

Jule zuckt die Achseln. „Ja, so erfährt man unheimlich viel über sich selber."

„Und was?", frage ich.

Tuley mischt sich ein: „Dass man mutiger ist, als man denkt. Das ist toll, echt! Selina hatte vorgestern zum Beispiel die Aufgabe, einen Lolli zu besorgen."

„Wie ‚zu besorgen'?" Himmel, warum wiederhole ich alles wie ein Echo?

Selina grinst. „Vom Kiosk am Rathaus. War kein Problem. Ich hätte ein Dutzend von den Dingern einsacken können."

Ich schnappe nach Luft. Klar, deshalb ist sie so überstürzt weggerannt. – Und welche Rolle spielte Fine dabei? Sollte sie etwa aufpassen, dass Selina den Lolli nicht kauft, sondern wirklich klaut?

„Aber warum macht ihr das?", frage ich Leonie. „Ihr habt doch hier jede Menge Süßkram."

„Es war halt meine Aufgabe", erklärt Selina einfach. „Drücken gilt nicht. Sonst macht's ja keinen Spaß!"

„Ist ein gutes Gefühl, wenn du es geschafft hast", sagt Tuley mit Stolz in der Stimme. „Und danach darfst du selber eine Aufgabe stellen. Was immer du willst!"

Valerie lächelt. „Kapiert ihr's endlich? Wir losen aus, wer die nächste Aufgabe ausführen muss. Und dann geht es auch schon los. Ausreden gelten nicht."

Ich fasse es nicht. „Also, verstehe ich das richtig?", frage ich nach. „Eine von euch denkt sich eine Aufgabe aus und eine andere rennt los und klaut irgendwas?"

„Nicht irgendwas", korrigiert Valerie geduldig. „Wir legen vorher fest, was diejenige bringen soll. Aber natürlich stellen wir uns auch andere Aufgaben."

„Gestern bin ich da oben raufgeklettert", erklärt Leonie und zeigt auf die große Linde hinter sich. „Dabei bin ich nicht mal schwindelfrei. Ihr glaubt nicht, was ich für einen Bammel hatte!"

„Na und? Was ist daran besonders?", wirft Tim verächtlich ein. „Also, wenn das für euch eine schwierige Aufgabe ist …"

„Für Leonie war es schwierig", sagt Caro. „Sie hat nämlich totale Höhenangst."

„Und trotzdem habt ihr sie da raufturnen lassen?", frage ich ungläubig.

Caro grinst. „Das Los ist auf sie gefallen. Und so war es ein besonderer Kick!"

„Aber wozu das alles?", frage ich.

Die Mädchen schauen sich an.

„Na hör mal, es ist doch gut, seine Ängste zu überwinden, Herausforderungen anzunehmen", erklärt Valerie schließlich. „Findest du etwa nicht, Maja? Das bringt einen weiter. Außerdem können die Clubmitglieder auch beschließen, dass jemand seine eigene Aufgabe ausführen muss." Valeries Augen blitzen. „Man weiß also nie, was kommt! Das ist aufregend …"

Sie sieht mich an, als würde ich etwas nicht kapieren, das auf der Hand liegt. – Und tatsächlich scheint zumindest Tim schon Feuer und Flamme zu sein. „Also, was ihr aufgezählt habt, ist ja Pillepalle", erklärt er großspurig. „Da könnte ich mir ganz andere Sachen vorstellen …"

Einige der Mädchen verdrehen die Augen. Typisch Tim! Er ist und bleibt ein

Angeber. Trotzdem bin ich plötzlich verunsichert. Hat Valerie vielleicht recht? Ist es nur ein Spiel? Fragend sehe ich rüber zu Pablo, aber sein Gesicht bleibt ausdruckslos.

Als hätte sie meine Gedanken gelesen, erklärt Valerie jetzt lächelnd: „Du wirst sehen, Maja: Es ist wahnsinnig spannend!"

Sie sieht Pablo, Tim und mich an. „Ich mach euch einen Vorschlag: Heute schaut ihr nur zu und geht gar kein Risiko ein. Okay? Das ist doch ein faires Angebot."

Ich weiß, dass ich jetzt aufstehen und gehen müsste. Sofort. Aber ich bleibe sitzen, wider Willen gespannt, aufgeregt. Wieder sehe ich rüber zu Pablo. Aber er starrt zu Boden.

„Okay", sage ich leise.

Pablo zuckt die Achseln, dann nickt er.

„Na, dann hätten wir das ja geklärt", sagt Valerie zufrieden. „Und du, Tim?"

Tim grinst. „Also, ich mach gleich richtig mit! Bin doch kein Weichei …!"

So wie die beiden da. Das Letzte hat er nicht ausgesprochen, aber gemeint. Mich kratzt das nicht besonders, aber Pablos Gesicht färbt sich dunkelrot. Kurz scheint er mit sich zu kämpfen, ob er sich Tim anschließen muss, um nicht als Schisser dazustehen. Aber dann bleibt er doch still.

10. Kapitel
Und das nennt ihr Mut?

„Gut!" Valerie nickt zufrieden und blickt auffordernd in die Runde. „Dann kann's ja losgehen. Wer stellt die heutige Aufgabe?"

Leonies Arm schießt nach oben, als wären wir in der Schule. Fehlt nur noch, dass sie anfängt zu schnipsen. „Ich bin dran! Ich hab ja gestern …"

„Ja, richtig", unterbricht Valerie sie gnädig. „Also, wie lautet deine Aufgabe?"

Leonies Gesicht ist ganz rot vor Aufregung. „Wer heute ausgelost wird, soll …", sie macht eine Kunstpause, „eine Spinne schlucken. Oder einen Käfer!"

„Iiih!" Alle kreischen los. Selina und Caro wechseln einen entsetzten Blick. Leonie kichert hysterisch. Und Jule schüttelt sich. „Boah, das ist ja voll eklig!"

Nur Tim versucht weiterhin so entspannt auszusehen, als würde er sich täglich von Spinnen und Käfern ernähren. Allerdings ist er etwas blasser geworden.

Valerie sitzt kerzengerade da, ihre Stimme klingt feierlich und ihr Blick ist in die Weite gerichtet. Wahrscheinlich hat sie das so mal in einem Fantasyfilm gesehen. Ihr Verhalten ist albern – und dennoch bin ich fasziniert. Himmel, was ist nur mit mir los?

„Die Aufgabe ist akzeptiert, Leonie! Wir losen jetzt aus, wer von uns sie ausführen wird." Valerie greift in ihre Tasche und zieht betont langsam einen braunen Lederbeutel hervor. „Da drin sind fünf weiße Kieselsteine und ein schwarzer", erklärt sie mir. „Jeder von uns wird jetzt einen Stein herausnehmen. Wer den schwarzen erwischt …"

Ich nicke. Ich bin heilfroh, dass das Steinlos nicht mich treffen kann.

„Wer will beginnen?" Der Beutel wandert langsam von Hand zu Hand. Tim, Selina, Caro, Valerie … nach und nach ziehen sie weiße Steine heraus. Selina und Caro kreischen erleichtert auf. Tim tut so, als wäre er etwas enttäuscht.

Valerie wirkt als Einzige nicht im Geringsten nervös. Und tatsächlich: Mit leisem Triumph präsentiert auch sie einen weißen Stein. Da Leonie wegfällt, sind jetzt nur noch Tuley und Jule übrig. Die beiden wechseln einen Blick. Eine von ihnen wird es treffen. Eine von ihnen muss eine Spinne schlucken … Himmel, wie gruselig!

Als Erste greift Jule in den Beutel, zieht die Hand wieder heraus, schaut auf den Stein – und wird blass.

„Schwarz!", meldet Valerie in die Runde.

Tuley atmet erleichtert auf. „Puuuh, Glück gehabt!" Sie strahlt. Dann scheint sie sich zu besinnen und umarmt die zitternde Jule. „Du schaffst das schon!"

Valerie ist aufgestanden. „Ihr seht: Das Los hat entschieden. Die heutige Aufgabe wird Jule erfüllen. – Bist du bereit, Jule?"

Jule sieht aus, als würde sie sich gleich übergeben. Aber sie nickt tapfer.

„Gut, tja, dann brauchen wir jetzt nur noch eine Spinne." Valerie schaut sich um. „Hier gibt's bestimmt jede Menge Getier."

Caro, Tim und Leonie hocken bereits am Boden und durchkämmen eifrig mit ihren Händen das Gras. Niemand scheint zu erwarten, dass Pablo und ich uns an der Spinnenjagd beteiligen. Pablo hat sich einen Zweig geschnappt und pult jetzt an

der Rinde herum, als wäre das unheimlich wichtig. Und ich bleibe einfach neben Jule sitzen. Ich traue mich nicht, sie anzusehen. Ist auch nicht nötig. Ich spüre auch so ihre Furcht. Ich weiß, dass ich jetzt etwas sagen müsste, das den Wahnsinn hier beendet. Oder zumindest etwas Tröstendes. Aber ich bin wie gelähmt.

„Hier! Ich hab eine!" Caro kommt aufgeregt auf uns zu. Mit beiden Händen formt sie eine Muschel. Anscheinend will sie die

Spinne nicht verletzen. Als ob es darauf noch ankäme …

„Keine Angst", sagt Caro zu Jule, „sie ist nicht groß!"

Jule nickt und steht langsam auf. Die anderen haben einen Halbkreis gebildet und lassen Jule nicht aus den Augen. Als Caro sich mit der Spinne nähert, schwankt Jule. Ich stehe so dicht neben ihr, dass ich es deutlich spüre.

„Mach einfach die Augen zu, Jule!", rät Valerie mit falscher Fürsorglichkeit. „Wenn du das Vieh nicht siehst, ist es wahrscheinlich halb so schlimm."

Jule nickt stumm. Sie öffnet ihren Mund. Caro steht jetzt direkt vor ihr. Ich wende mich ab. Das muss ich mir wirklich nicht angucken!

Und dann, urplötzlich, greift Jule nach meiner Hand. Erschrocken sehe ich sie an. Für den Bruchteil einer Sekunde treffen sich unsere Blicke und endlich, endlich

reagiere ich: „HALT!" Ich schubse Caro zur Seite. Sie stolpert. Ihre Hände, die eben noch die Spinne hielten, öffnen sich.

„Bis du verrückt?", brüllt Tim. „Jetzt ist sie weg!"

„Gut so!" Ich fege die Chipstüten von der Bank, ein Becher Erdbeermilch kippt um und ergießt sich über das dunkle Moos. Es ist mir egal.

„Das ist doch alles total bescheuert!", rufe ich. „Das sind doch keine Herausforderungen, das ist der pure Horror! Wie könnt ihr daran nur Spaß haben?!"

„Das sagst du nur, weil du selber zu feige dafür bist!", sagt Valerie wütend.

„Quatsch!" Ich schüttle den Kopf. „Ich bin nicht feige! Aber das hier hat mit Mut echt nichts zu tun! Wenn jemand Hilfe braucht, dann muss man mutig sein. Aber das entscheidet man dann selber und nicht irgendein Kieselstein! Was ihr hier macht, ist einfach nur bescheuert! Ihr geilt euch an der Angst von anderen auf. Das ist ... echt widerlich!" Meine Stimme ist immer lauter geworden, den letzten Satz brülle ich fast.

Pablo blickt mich an, als habe er mich noch nie gesehen. Wie in Zeitlupe bewegt er sich dann auf mich zu.

Von den anderen gibt es keinerlei Reaktion. Alle weichen meinem Blick aus. Nur Jule nickt mir fast unmerklich zu.

Pablo hat endlich seine Sprache wiedergefunden. „Lass uns abhauen", sagt er.

Ich nicke nur. Dann drehe ich mich um und stapfe hinter Pablo her Richtung Eingangstor.

11. Kapitel
Der Bann wird gebrochen

Ich fühle die Blicke der anderen in meinem Rücken. Egal. Nur weg hier. Lieber hänge ich ab jetzt jede Pause mit Pablo allein herum, als das hier mitzumachen! Oder ich wechsle die Schule oder …

Plötzlich spüre ich eine Bewegung hinter mir. „Wartet auf mich, ich komme mit!" Mit großen Schritten stürmt Jule hinter uns her. Sie sieht erleichtert aus.

„Moment, ich komme auch mit." Eilig streift Selina ihr Armbändchen ab und legt es vor Valerie auf die Bank. „Hier, das brauche ich nicht mehr."

Und dann ist es, als wäre ein Damm gebrochen. Plötzlich ist auch Tuley an unserer Seite. Aus den Augenwinkeln sehe ich, wie uns Tim überholt und nach vorne zu Pablo stürmt. Alles drängt zum Ausgang.

„Dann haut doch ab!", keift Valerie hinter uns her. „Und glaubt bloß nicht, dass ich euch noch mal zu irgendetwas einlade! – Ihr, ihr … langweiligen Spielverderber!"

Ich drehe mich ein letztes Mal zu ihr um. „Das ist kein Spiel, Valerie!"

„Ist es wohl", entgegnet sie. Ihre Stimme klingt jetzt fast kläglich. Caro hat einen Arm um sie gelegt. Leonie blickt zu Boden.

Pablo hält das Tor für uns auf. Schnell schlüpfen wir hindurch, Jule als Letzte. Schweigend laufen wir den Weg zurück, den wir gekommen sind.

Erst als wir schon fast wieder in der Münzgasse sind, frage ich: „Wie konntet ihr da nur mitmachen?"

Selina wird rot. „Ich weiß auch nicht", sagt sie leise. „Ich dachte, alle wären dabei!

Und zuerst … na ja, da war es auch irgendwie toll, weißt du? Spannend eben."

„Ja", sagt Tuley leise, „solange man selbst nicht dran war."

Jule seufzt. „Mir ging es ähnlich! Es schien eben … ja, irgendwie besonders zu sein, in den Club aufgenommen zu werden: das Armband, die Geheimsprache, all die Süßigkeiten … Ich hatte das Gefühl, die anderen beneiden uns richtig."

Ich nicke.

Die beiden Jungen haben sich etwas abseits gehalten und miteinander geredet. Jetzt fragt Tim: „War Valerie selber eigentlich auch mal dran?"

Tuley überlegt. „Ja, ein Mal. Aber sie hatte Glück. Die Aufgabe war echt läppisch. Valerie musste nur über eine Mauer auf ein fremdes Grundstück klettern."

„Ich hatte manchmal das Gefühl, dass Valerie genau weiß, wie sich der schwarze Stein anfühlt", meint Jule.

Pablo nickt. „So etwas Ähnliches haben wir uns eben auch gedacht."

„Aber eigentlich spielt es jetzt auch keine Rolle mehr", sage ich.

Selina blickt uns fragend an. „Meint ihr, die drei machen alleine weiter?"

„Nee, so ein Miniclub bringt es doch nicht", winke ich ab.

„Das denke ich auch", sagt Pablo. „Das war's mit dem Club!"

Tim grinst. „Dabei hätte ich noch so spannende Aufgaben gehabt …"

„Halt die Klappe, Tim!", sage ich und knuffe ihn in die Seite.

„Manno", macht Tim enttäuscht.

Pablo grinst und winkt uns über Tims Kopf hin zu. „Bis morgen." Die Jungs gehen.

„Tschüss." Ich sehe ihnen nach, dann fällt mir plötzlich etwas ein. „Wie war das eigentlich mit Fine?", frage ich Tuley. „Hat sie am Samstag etwa bei all dem mitgemacht?"

Tuley schüttelt den Kopf. „Nein, die ist gleich wieder abgehauen. Hat sie dir denn nichts davon erzählt?"

Jetzt bin ich diejenige, die einen roten Kopf bekommt. „Ich hab ihr gar keine Gelegenheit dazu gegeben", sage ich kleinlaut. „Ich war total sauer, weil Fine zu eurem Clubtreffen gegangen ist, ohne mir vorher Bescheid zu sagen."

„Klar", nickt Selina. „Ihr zwei macht ja sonst immer alles zusammen."

„Nicht alles", widerspreche ich.

„Na, dann eben fast alles", räumt Selina ein. „Aber du musst doch zugeben: Bei euch beiden kommt keiner dazwischen."

„Und das findet ihr ...", ich zögere, „blöd?"

Selina und Jule zucken die Achseln, aber dann nicken sie. „Manchmal schon", meint Jule. „Mal ehrlich, Maja: Ihr seid doch nur mit uns zusammen, wenn eine krank ist."

Ich überlege einen Moment, aber dann gebe ich ihnen recht. „Da ist was dran. –

Und ich verstehe, dass euch das nervt. Wir werden uns bessern, okay?"

Selina nickt. „Wir nehmen dich beim Wort, Maja. – Tschüss, bis morgen." Sie lacht. „Puh, bin ich froh, dass alles vorbei ist …"

„Und ich erst", sagt Jule. „Ich kapier einfach nicht mehr, wie wir uns darauf einlassen konnten." Sie seufzt. „Na ja, grüß Fine von uns, wenn du sie anrufst."

„Alles klar! Bis morgen." Ich winke den dreien zu. Dann mache ich mich auf den Heimweg.

12. Kapitel
Ende gut, alles gut

Mama hat anscheinend schon auf mich gewartet. „Wo warst du denn, Maja?", begrüßt sie mich. „So lange kann es doch nicht dauern, ein Heft zu kaufen!"

Ich zögere. Ob ich Mama alles erzähle?

Mama geht zum Küchenschrank. „Nun komm schon, Maja, ich spendiere Schokolade und du sagst mir, was los ist!"

Ich winke ab. „Bloß keine Schokolade mehr! Davon hab ich für heute genug."

Und dann erzähle ich Mama die ganze Geschichte. Vom ersten blauen Armbändchen bis zum Clubtreffen heute Nachmittag.

Mama hört mir aufmerksam zu. Nur hin und wieder schüttelt sie ungläubig den Kopf. Als ich fertig bin, sagt sie: „Nicht zu fassen! Wieso haben sich so viele aus eurer Klasse auf dieses sogenannte Spiel eingelassen?" Dann fragt sie leise: „Und warum bist du heute dorthin gegangen, Maja?"

„Na ja, ich war neugierig. Ich wusste ja schließlich nicht, was da läuft." Ich zögere einen Moment, bevor ich zugebe: „Außerdem hatte ich Angst, irgendwann die Einzige in der Klasse zu sein, die nicht in diesem tollen Club ist. Fine und ich stehen doch so schon oft genug am Rand."

Mama seufzt. „Das kann ich schon verstehen, Maja. Aber glücklicherweise hast du ja rechtzeitig die Notbremse

gezogen." Sie schüttelt wieder den Kopf. „Bei solchen sogenannten Spielen geht es nicht um Spaß oder gar um Mut oder Selbstüberwindung, sondern nur um Macht über andere. Mit Sicherheit wären die Aufgaben immer gefährlicher geworden. Du weißt schon: wertvollere Dinge klauen, auf Brückengeländern balancieren und so. Damit es aufregend bleibt, verstehst du?" Mama schaut mich prüfend an. „Meinst du wirklich, das ist das Ende des Clubs? Falls nicht, müssen wir etwas unternehmen!"

„Was denn?", frage ich erschrocken.

Mama zuckt die Achseln. „Na, mit eurer Klassenlehrerin sprechen. Und mit den Eltern der anderen …"

Ich schüttle energisch den Kopf. „Nein, ich bin sicher, dass der Spuk vorbei ist."

„Und falls nicht?"

Ich gebe Mama einen Kuss. „Dann sag ich dir Bescheid."

„Versprochen?"

„Großes Indianer-Ehrenwort", antworte ich und grinse.

„Also gut, Spatz!" Mama nickt. „Ich glaube sowieso, dass Valerie nicht mehr lange in eurer Klasse bleiben wird."

„Wie kommst du denn darauf?", frage ich.

„Ich war heute im Laden ihrer Mutter." Mama lächelt. „Offen gesagt, wollte ich dir so ein Lederarmband kaufen. Aber die Bändchen waren ausverkauft. Egal." Mama nimmt einen Schluck von ihrem Kaffee. „Jedenfalls erzählte Valeries Mutter einer anderen Kundin gerade, dass sie den Mietvertrag für den Laden gekündigt hat. Das *Kinder-Paradies* wird bald in die Innenstadt ziehen. Ich vermute, dass Valerie dann die Schule wechseln wird."

Ich kann nicht sagen, dass mich diese Neuigkeit traurig macht. Aber ich freue mich auch nicht darüber. Heute Nachmittag, als sich Valeries Club in nichts auflöste, hat sie mir fast leidgetan. Aber nur fast.

In diesem Moment klingelt das Telefon. Ich ahne, wer da anruft …

„Hallo Fine!"

„Maja!" Fines Stimme klingt erleichtert. „Endlich! Meine Mutter hat mir erzählt, dass du angerufen hast. Ach, Maja, bist du noch sauer auf mich? Weil ich heimlich bei diesem Clubtreffen war?"

„Na ja, du hättest mir schon vorher Bescheid sagen können."

Fine seufzt. „Ich weiß. Aber ich war so neugierig und ich dachte, dass du das nicht verstehen würdest. Ach, es tut mir so leid, Maja! Und du glaubst nicht, was da los ist! Valerie und ihr Trupp, die spinnen, die …!"

„Nicht mehr", unterbreche ich Fine. „Der Club hat sich aufgelöst!" Und dann erzähle ich, was am Nachmittag passiert ist.

„Wie?", fragt Fine nach einer Weile. „Tim und Pablo waren auch dabei?"

„Ich denke mal, aus dem gleichen Grund wie wir: Neugier!", sage ich.

„Bei mir war's nicht nur Neugier", widerspricht Fine leise. „Ich wollte dazugehören, zumindest ein bisschen! Aber als Selina diesen dämlichen Lolli klauen sollte, da wusste ich, dass ich gerade einen Riesenfehler mache. Doch ich wollte Selina auch nicht im Stich lassen. Also hab ich sie zurück zu dem dämlichen Treffpunkt gebracht und bin danach abgehauen."

„Das einzig Vernünftige!", sage ich. Dann erzähle ich Fine die Geschichte mit der Spinne. Als ich bei meinem Eingreifen bin, ist Fine spürbar beeindruckt. „Wow! Das hast du super gemacht, Maja!"

„Ich bin auch ein bisschen stolz auf mich", sage ich ehrlich. „Aber ich hatte auch mehr Zeit zum Überlegen als du. Als ich gemerkt habe, dass Pablo die Mutproben genauso daneben findet wie ich, habe ich mich nicht mehr so allein gefühlt."

„Mensch, was für eine verrückte Geschichte!" Fine atmet tief durch. „Du, ich glaube, wir gründen einen neuen Club, den Maja-Fanclub. Was hältst du davon?"

„Ich überleg's mir", sage ich. „Aber jetzt werd erst mal gesund. In der Schule ist es langweilig ohne dich. Morgen ziehe ich mal mit Selina, Tuley und Jule los."

Fine scheint einen Moment zu zögern. Aber dann sagt sie: „Klar, mach das! Nächste Woche bin ich ja wieder dabei. – Das heißt, wenn ich bis dahin nicht eingegangen bin! Du glaubst nicht, wie schrecklich Windpocken sind: Es kribbelt am ganzen Körper, als würde eine Horde Ameisen auf mir spazieren gehen."

Ich lache. „Hör auf! Gleich fang ich auch an, mich zu kratzen. Mach's gut, Fine, ich ruf dich morgen wieder an."

„Tu das! – Du, Maja?"

„Ja?"

„Ich bin echt total froh, dich zur Freundin zu haben!"

„Danke, Fine!"

Ich lege auf – und lächle mir im Spiegel zu. Aber dann stutze ich. Nanu, was ist das denn da für ein roter Fleck auf meiner Stirn? Und warum juckt der plötzlich? Ist das etwa …? Oh NEIN!